AF337739

RÉPERTOIRE

DRAMATIQUE

DES AUTEURS CONTEMPORAINS.

N. 250.

Théâtre des Variétés.

LE CAPITAINE ROQUEFINETTE,

COMÉDIE-VAUDEVILLE EN DEUX ACTES.

60 CENTIMES.

PARIS,

Chez DETROUX, Éditeur, rue Notre-Dame-des-Victoires, 26,

Et chez TRESSE, successeur de J. N. BARBA, Palais-Royal.

1843.

LE CAPITAINE
ROQUEFINETTE,

COMÉDIE-VAUDEVILLE EN DEUX ACTES,

PAR MM. DUMANOIR ET D'ENNERY,

Représentée pour la première fois, à Paris, sur le théâtre des Variétés, le 27 octobre 1843

Personnages.		*Acteurs.*
LE DUC D'ANJOU, petit-fils de Louis XIV		M. LÉON.
LE BARON DE VILLEBLANCHE		M. NEUVILLE.
LA BARONNE, sa femme		Mlle PITRON.
RAOUL DE GIVRY, neveu du Baron		M. HAMEL.
LE CHEVALIER DE CASTAGNAC, poète de cour		M. DUMÉNIL.
LE CAPITAINE ROQUEFINETTE		M. LAFONT.
UN HUISSIER		M. D. ALEXANDRE.

1702.

ACTE I.

Une allée du parc de Versailles.

SCÈNE I.

LE CHEVALIER, LE BARON.

(Ils entrent, l'un à droite, l'autre à gauche; le baron tenant un livre qui absorbe toute son attention; le chevalier déclamant des vers qu'il inscrit au crayon sur des tablettes.)

LE CHEVALIER, déclamant.

« Modèle des amans, émule des grands princes,
» D'Anjou, va conquérir les cœurs et les provinces ;
» Va... va... »

(Il cherche.*)

LE BARON, étudiant.

Chambellan, *camerero*... du Roi, *d'el Rey*...

LE CHEVALIER.

« Va, dans le beau pays des orangers en fleurs,
» Va chercher...

* Le Baron, le Chevalier.

LE BARON, récitant.

El camerero d'el Rey... El camerer...

(Ils se rencontrent.)

Hein ?.. qui va là ?.. Eh ! c'est le chevalier de Castagnac !

LE CHEVALIER.

Le baron de Villeblanche !

LE BARON.

Que faites-vous donc là, Chevalier ?

LE CHEVALIER.

Je fais des vers... Et vous, Baron ?

LE BARON.

J'apprends l'espagnol.

TOUS DEUX, se regardant et se mettant à rire.

Ha ! ha ! ha ! ha !..

LE BARON.

Des vers !

LE CHEVALIER.

L'espagnol !

LE BARON.

Ah ! fi !.. fi !.. un homme de qualité, faire de

cés choses-là !.. Laissez donc le génie et l'esprit aux pauvres diables qui n'ont que cela.

LE CHEVALIER.

Ah! fi!.. fi!.. retourner à l'école... à votre âge !:. Laissez donc cela aux enfans.

LE BARON, touchant ses tablettes.

Je devine vos intentions, M. le poète.

LE CHEVALIER, frappant sur son livre.

Je connais votre but, vieux écolier.

LE BARON.

Vraiment?.. Allons, bah !.. confidence pour confidence....

LE CHEVALIER.

Eh ! après tout, ce que nous faisons n'est-il pas tout naturel... Il y a assez long-temps que nous mangeons nos revenus à Versailles, sans occuper le moindre poste à la cour, sans avoir la moindre place au soleil du grand roi... La maison de Louis XIV est comble... celles du dauphin et du duc de Bourgogne regorgent... impossible de se caser... Mais Dieu, qui donne la pâture aux petits des oiseaux... comme dit Racine, mon confrère... Dieu, prenant en pitié ses braves gentilshommes sur le pavé, a inspiré à l'empereur Charles II l'excellente idée de léguer le trône d'Espagne au duc d'Anjou, petit-fils de notre glorieux monarque...

LE BARON.

Qui a accepté sur-le-champ... Je reconnais là sa haute politique !.. et qui, après plusieurs jours de profondes réflexions, s'est écrié tout-à-coup : Il n'y a plus de Pyrénées !.. Joli mot!.. (Confidentiellement.) Je soupçonne à Louis XIV quelque génie.

LE CHEVALIER.

Et à son petit-fils !.. au roi d'Espagne !.. Une cour nouvelle... à meubler, à garnir... dont tous les emplois sont disponibles... où tout est à prendre... J'aime l'Espagne, moi...

LE BARON.

J'adore l'Espagne...

LE CHEVALIER.

Beau ciel !..

LE BARON.

Vins exquis !..

LE CHEVALIER.

Patrie du Cid !..

LE BARON.

Et du malaga !

LE CHEVALIER, confidentiellement.

Le poste d'écuyer me sourit.

LE BARON, de même.

Je ne vois pas d'un mauvais œil la charge de majordome de semaine.

LE CHEVALIER, gaîment.

Et voilà, Baron, pourquoi je fais des vers... Je chante les exploits du nouveau roi d'Espagne... Tiens! en voilà un !

LE BARON.

Vous chantez ses exploits ?.. Mais, cher poète

Jusqu'à présent, la chose est sûre,
Il n'a rien fait.

LE CHEVALIER.

Je dois en convenir :
Je chante sa gloire... future,
Et ses exploits, ses hauts faits... à venir.
S'ils viennent, j'aurai, sans conteste,
L'honneur de la prédiction...

LE BARON.

S'ils ne viennent pas ?..

LE CHEVALIER.

Il me reste
La gloire de l'invention.

LE BARON.

Moi, je ne prétends pas avoir inventé la langue espagnole... mais je compte en tirer bon parti... Écoutez... Il y a quelques jours, Monseigneur le duc d'Anjou, le futur roi, me dit d'un air fin : « M. le Baron, savez-vous l'espagnol?.. » Ce à quoi je répondis, avec fermeté et conviction : Non, Sire... Mais j'avais saisi tout d'abord le sens de la question, qui signifie : Si vous saviez l'espagnol, je vous emmènerais en Espagne... Et depuis, j'étudie l'espagnol.

LE CHEVALIER.

El camerero d'el...

LE BARON, montrant le livre.

Oui... Ceci est un petit recueil de phrases usuelles, telles que : « Comment vous portez-vous?.. Donnez-moi mon bonnet de nuit... Passez-moi mon... » Enfin, tout ce qui est nécessaire à la vie... J'en suis à : *El camerero d'el Rey, etc...* Mais que c'est difficile, mon cher poète !.. quelle langue bizarre !.. Croiriez-vous qu'ils appellent un chambellan, un *camerero* !.. Il serait si facile de l'appeler *chambellancro* !.. Comment ces gens-là peuvent-ils s'entendre entre eux ?.. Et dire que les petits Espagnols de cinq à six ans parlent couramment cet idiome !.. C'est très fort... cela dénote une grande facilité chez cette nation.

LE CHEVALIER.

Et vous faites des progrès...

LE BARON.

Lents... très lents... Mais je ne me borne pas à cela... je me traduis moi-même en Espagnol... Voyez, la moustache relevée.. Je n'appelle plus ma femme que Senora... Je mangē de l'*olla podrida*... c'est exécrable, mais j'en mange beaucoup... pour m'y faire.... Je prends des leçons de guitare, je m'exerce aux castagnettes, et quand je suis seul, dans ma bibliothèque, je danse le fandango... Il est impossible qu'après des études si consciencieuses et une vocation si... espagnole, je ne sois pas nommé majordome de semaine du roi d'Espagne.

LE CHEVALIER.

Comme on ne peut manquer d'appeler au poste d'écuyer le premier qui a dit :

« Modèle des amans, émule des grands princes,.. »

SCÈNE II.

LES MÊMES, LA BARONNE, tenant un bouquet.

LA BARONNE.*

Bravo! M. le poète, bravo!

LE CHEVALIER.

Madame la Baronne!

LE BARON.

Ma femme!

LE CHEVALIER.

Oh! n'écoutez pas cela... ce sont là de grands vers politiques... J'ai sur mes tablettes de petits vers amoureux, tout frais éclos de ce matin...

(récitant.)

« L'Amour... »

LA BARONNE, s'esquivant.

Oh! il serait indiscret...

LE CHEVALIER.

Nullement... (Lisant.)

« L'Amour, qui naquit à Cythère,
» A fui des rivages si doux :
» Où donc est-il, belle Glycère ?
» Il est venu tout droit chez vous,
» En croyant aller chez sa mère. »

LE BARON, avec enthousiasme.

Délicieux!.. (Reprenant froidement, en s'éloignant.) El camerero d'el...

LA BARONNE.

Ah! de grâce, Baron, laissez donc là cet affreux parler... Depuis huit jours, nous sommes saturés d'Espagne et d'espagnol.

LE BARON, revenant.

Il faudra pourtant vous y accoutumer, Senora... si nous suivons le jeune roi à Madrid.

LA BARONNE, émue.

Le suivre! à Madrid!..

LE CHEVALIER.

Et moi aussi.

LE BARON.

Hier, au jeu de la duchesse de Chartres, sa nouvelle Majesté s'est montrée toute gracieuse pour moi.

LE CHEVALIER, d'un ton significatif.

Et pour madame la Baronne... (L'observant.) Cependant, son royal visage m'a paru triste.

LA BARONNE, à part, avec impatience.

De quoi se mêle-t-il?

LE BARON.

Hé! hé! au moment de quitter Versailles, la France... de rompre quelque chaîne de fleurs...

LE CHEVALIER, ironiquement.

Vous croyez, Baron?

LE BARON.

De tous les jeunes princes, le duc d'Anjou est, dit-on, celui qui brave le plus la sévérité de

* Le Baron, la Baronne, le Chevalier.

son glorieux aïeul... On prétend qu'il s'affranchit également des règles de la morale et des lois de l'étiquette... qu'il s'esquive parfois, le soir, pour errer sous les fenêtres de quelque belle...

LA BARONNE, à part, et vivement.

Que dit-il!

LE BARON.

Ce qui est déjà passablement espagnol...

LE CHEVALIER.*

Et fort rassurant... Les jolies Andalouses chasseront les vieilles amours de ce cœur de dix-sept ans. (La Baronne, très agitée, frappe de son bouquet sur sa main gauche.) Prenez donc garde, Baronne... vous martyrisez votre bouquet... (Elle s'arrête tout-à-coup.) Vous devriez plutôt me permettre d'y glisser mon méchant impromptu.

LA BARONNE, lui tournant le dos.

Oh! mon bouquet n'en est pas digne!

LE BARON, le regardant.

En effet, il est tout fané... Jetez donc cela, Baronne... (S'éloignant peu à peu.) El camerero d'el Rey...

LE CHEVALIER, à la Baronne, pendant ce mouvement.

Fané?.. je le crois bien... c'est celui d'hier... c'est le même... je le reconnais.

LA BARONNE, troublée.

Que voulez-vous dire ?

LE CHEVALIER.

Eh! tenez! comme je reconnais votre trouble, votre émotion... encore les mêmes qu'hier, quand le prince vous a parlé tout bas, au jeu de la Duchesse...

LA BARONNE.

Monsieur !..

LE CHEVALIER, continuant.

Vous a demandé, en suppliant, une de ces fleurs.

LA BARONNE.

Monsieur !.. (A part.) Il a tout entendu!

LE BARON, étudiant.

La dogagna...

LA BARONNE, gaîment, et tendant la main au Chevalier.

Vous êtes fou, mon cher poète... vous n'êtes qu'un homme de génie, et pas autre chose... (A part.) Imbécille !

LE CHEVALIER, à part.

Elle est charmante!.. je ne la trahirai pas !

LA BARONNE, à part, rêveuse.

Et je lui ai refusé cette fleur!.. c'était bien peu de chose... Pourquoi en a-t-il paru si malheureux ?

LE CHEVALIER, à part, réfléchissant.

Il y a cent à parier contre un, que le bouquet finira par tomber dans les mains du...

LE BARON, étudiant, au fond.

Du roi... d'el Rey.

* La Baronne, le Chevalier, le Baron.

LA BARONNE, de même.

S'il passe sous mes fenêtres, comme toujours... et que mon bouquet m'échappe... ce sera un malheur, voilà tout.

LE CHEVALIER, de même.

Oui, oui, j'y glisserai mes vers... Je ne serai pas fâché que le roi d'Espagne lise :

« L'Amour, qui naquit à Cythère... »

LE BARON, étudiant.
La dogagna della Principessa...

LA BARONNE.

Encore !.. Ah ! vraiment, c'est insupportable ! et je quitte la place.

LE CHEVALIER, très empressé.

Madame, daignez prendre ma main jusqu'au château.

LA BARONNE, contrariée.

Mais, M. le Baron, c'est à vous...

LE BARON.

Merci, Chevalier, merci... j'accepte... Je suis absorbé dans la *dogagna...*

LA BARONNE, acceptant la main du Chevalier. A part.

Ah ! quel ennui !

LE CHEVALIER, à part.

Si je ne place pas mes vers , je suis un sot. (Ils s'éloignent en causant.*) D'honneur, Baronne, plus j'examine ce bouquet...

(Au moment de sortir au fond , ils rencontrent le capitaine Roquefinette, qui s'écarte avec empressement, passe à gauche, et salue jusqu'à terre.)

LA BARONNE, riant légèrement derrière son bouquet.

Ah ! ah ! ah !

LE CHAVALIER, riant aux éclats.

Ah ! ah ! ah ! ah !

(Ils sortent à droite.)

ROQUEFINETTE.

Elle m'a remarqué !

SCÈNE III.

LE CAPITAINE ROQUEFINETTE, LE BARON.

LE BARON , entendant rire.

Qu'est-ce ? (Roquefinette le salue. A part, en l'examinant.) Quel est ce gentilhomme, assez mal accoutré ?

ROQUEFINETTE , répondant à son regard.

Vous êtes fort honnête, Monsieur,.. Je me porte assez bien, Dieu merci.

LE BARON, étonné.

Plaît-il ?

ROQUEFINETTE.

Et vous de même, à ce que je vois... Ça me fait le plus grand plaisir.

* La Baronne, le Chevalier, le Baron.

LE BARON, à part.

Quel est donc cet original?

ROQUEFINETTE , à part, l'examinant.

Tenue d'homme de cour... c'est peut-être une invitation à dîner que je rencontre. (Haut.) Vous disiez donc, monsieur le Marquis...

LE BARON.

Baron !

ROQUEFINETTE.

Ah ! Baron... fort bien... Vous disiez donc, monsieur le...

LE BARON.

Mais... je ne disais rien du tout.

ROQUEFINETTE.

Ah !.. en ce cas, c'est donc moi qui parlais... Je continue... Une journée superbe, M. le Marquis...

LE BARON.

Baron !.. Mais, pardon, Monsieur... (Montrant son livre ouvert.) Quand vous êtes arrivé , je lisais fort attentivement...

ROQUEFINETTE, jetant un regard sur le livre.

De l'espagnol ?.. je connais ça.

LE BARON, se rapprochant, avec intérêt.

Vraiment ?

ROQUEFINETTE.

Je me souviens d'avoir eu une longue conversation avec messieurs les Espagnols, dans le Roussillon.

LE BARON.

Air des Frères de lait.

Vous parlez donc cette langue si belle ?

ROQUEFINETTE.

Non pas, vraiment... Et d'ailleurs, à quoi bon ? Ils me disaient :

(Faisant le geste de tirer des coups de fusil.)

Pan ! pan !.. phrase à laquelle
Je répondais : Pan ! pan !.. du même ton :
Nous nous parlions à coups de mousqueton...
Langue très facile à comprendre,
Et que tous les peuples connus
Parlent entr'eux, pour mieux s'entendre,
Sitôt qu'ils ne s'entendent plus.

Mais ils n'ont pas attendu la fin de l'entretien, et la province est restée à la France.

LE BARON.

Ah ! je comprends... Monsieur est militaire.

ROQUEFINETTE.

Le capitaine Roquefinette... avantageusement connu dans les armées du roi... Si vous étiez des armées du roi, vous me connaîtriez... (Soupirant.) Vous m'auriez vu plus florissant qu'à l'heure qu'il est.

LE BARON.

Comment ?

ROQUEFINETTE.

Voyez... tenue d'un capitaine en retraite, victime de la paix , et complètement oublié de Louis XIV... un ingrat, un grand ingrat, qui me doit pourtant le Roussillon,

LE BARON.

A vous?

ROQUEFINETTE.

Et à trente-cinq mille autres... mais à moi particulièrement... Aujourd'hui, réduit à loger à l'*Écu*... (Le Baron le regarde.) C'est à l'*Écu* que je loge... (Frappant sur sa poche.) Mais je n'en loge pas un seul... Dînant quand il plaît à Dieu, déjeunant quand il plaît au diable... et le diable se fait diablement tirer... l'oreille, dans le beau royaume de France... Cependant, il faut être juste, je lui dois quelques bonnes aubaines.

LE BARON.

Au diable?

ROQUEFINETTE.

N'est-ce pas lui qui allume les querelles entre les malheureux humains?.. les querelles amènent les duels... les duels nécessitent des témoins... et je vous prie de me dire... (Se campant sur la hanche, la main à la poignée de l'épée.) s'il est possible de trouver mieux que ceci... Examinez l'homme, examinez l'épée, et dites franchement votre opinion.

LE BARON.

Ah! vous exercez la profession de... témoin.

ROQUEFINETTE.

Et je crois avoir galamment figuré dans les affaires de MM. de Montvoisin, de Ravennes, de Chalais... et cœtera.

LE BARON.

Ah ça! capitaine Roquefinette... est-ce que, par hasard, vous venez chercher des duellistes jusque dans le parc de Versailles?

ROQUEFINETTE.

Non... l'endroit en produit peu... Je ne vous dirai pas, non plus, que je viens errer autour du palais, pour aspirer les émanations des cuisines royales... ceci est une distraction frivole, un enfantillage... (Confidentiellement.) Non, je suis toujours ramené dans ce parc, par un pressentiment plein de charme... Je puis vous dire ça, à vous... entre amis...

LE BARON.

Hein?.. vous dites?..

ROQUEFINETTE.

Je dis que les dames de la cour viennent souvent se promener dans ces allées... et il me paraît impossible... Appelez-moi fat, je vous le permets, cher Baron... Il me paraît impossible qu'un homme de cet air et de cette mine n'attire pas les regards, ne donne pas à penser... Ces dames de la cour pensent volontiers.

LE BARON, appuyant.

Et mon cher capitaine espère...

ROQUEFINETTE.

Qu'une protectrice mystérieuse me transportera dans un palais de fée?.. ou, ce qui est plus réel, me fera entrer au château, en qualité d'écuyer ou quelque chose comme ça?.. Fi donc!.. vous me calomniez, baron!.. (Prenant un ton mélancolique.) Je ne cherche que quelques distractions, pour combattre des chagrins d'amour... Ah!

LE BARON, riant.

Des chagrins d'amour?.. vous?.. Ah! c'est un peu fort!..

ROQUEFINETTE.

Oh! ne riez pas, mon ami... Une jeune fille, que j'ai aimée à Melun... Dieu! l'ai-je aimée... à Melun!.. et elle m'aimait aussi...

LE BARON.

A Melun?

ROQUEFINETTE.

Toujours à Melun... Je la voyais souvent chez ma tante, qui est abbesse des Bénédictines... Une sainte maison, où j'aurais bien voulu entrer, pour faire pénitence... Un beau jour... non!.. un jour affreux!.. elle a quitté le couvent, pour s'en aller chez son tuteur... le baron de Villeblanche... un vieux imbécile, un vieux...

LE BARON, vivement.

Eh! Monsieur, arrêtez!.. ne poursuivez pas!.. c'est moi.

ROQUEFINETTE, ahuri.

Hein?.. quoi?.. mille boulets!.. le baron, vous!.. vous, que je viens d'appeler vieux imb... (Otant son chapeau.) Monsieur le baron, je vous demande la main de votre pupille.

LE BARON.

Vertubleu!.. après tout ce que vous venez de me conter!

ROQUEFINETTE, vivement.

Mettez que je n'ai rien dit... Je renonce aux dames de la cour, je repousse leurs vœux... Ursule! rien qu'Ursule!.. Venez, venez... nous allons causer de ça en déjeunant...

LE BARON, brusquement.

J'ai déjeuné, Monsieur!.. deux fois!..

ROQUEFINETTE, à part.

Une fois pour moi... c'est juste.

LE BARON, ironiquement.

Capitaine Roquefinette...

ROQUEFINETTE.

Baron de Villeblanche?..

LE BARON.

Vous serez le mari d'Ursule, ma pupille... (Roquefinette s'incline.) Quand, grâce à vos mystérieuses protectrices, vous aurez, comme vous le dites, le poste d'écuyer.

ROQUEFINETTE, se grattant l'oreille.

Diantre!

LE BARON.

Ah! ah!

ROQUEFINETTE.

Vous le jurez?

LE BARON.

Je le jure.

ROQUEFINETTE.

Eh bien! c'est convenu... Je serai écuyer... ou il n'y a plus de connaisseuses à la cour... et il y en a encore.

LE BARON, riant.

Ha! ha! ha!.. il est adorable!.. En attendant, capitaine, je vous demande la permission de continuer à... (Montrant son livre.) L'étude de cette langue est fort pénible, et...

(Il se promène en étudiant, sans faire attention à Roquefinette, qui le suit.*)

ROQUEFINETTE.

Comment donc !.. notre tuteur... ne vous gênez pas avec votre pupille... (A part.) Il m'invite fort peu à déjeuner... (Haut.) Bien des choses à Ursule , je vous en prie... ** (A part.) Je croyais qu'il m'aurait invité plus que ça à déjeuner.

Air des Deux Précepteurs.

Ursule m'a donné son cœur ;
Donnez-lui l'époux qu'elle adore :
Cet hymen fera son bonheur ,
Le mien... le vôtre, plus encore :
Car je ne vous quitterai pas ;
A vous (ô sort digne d'envie !)
Toutes les heures de ma vie !..
Surtout les heures des repas !

(Haut.) Ne manquez pas de l'embrasser pour moi.

(Il sort au fond, à gauche.)

SCENE IV.

LE BARON; puis, RAOUL, venant du fond à droite.

LE BARON, seul d'abord.

L'embrasser pour toi, aventurier !.. Je signalerai ce Roquefinette aux gardiens du parc... (Regardant.) Et justement, voici, je crois, un des... Eh ! non ! c'est mon neveu, Raoul de Givry ! ***

RAOUL, entrant gaiment.

Lui-même, mon cher oncle !.. Enchanté de la rencontre... (Ils se serrent la main.) Je ne vous demande pas comment se porte ma belle tante... Je viens de la saluer, à sa fenêtre, où elle effeuillait un bouquet, moins frais que son visage.

LE BARON, à part.

Je m'en flatte... le bouquet est fané... (Haut.) Et tu parcours les allées du parc, pour te façonner aux belles manières de nos jeunes gens de la cour ?

RAOUL, se pavanant.

Eh ! mais, dirait-on, à voir cette tournure, que je sors de l'École des jeunes officiers de Thionville ?

LE BARON, l'examinant.

Non, ma foi... L'air de tête n'est pas mauvais... la jambe a du mordant... (Se rapprochant.) Mais je te dois, mon neveu, quelques conseils... paternels.

* Le Baron, Roquefinette.
** Roquefinette, le baron.
*** Le Baron, Raoul.

RAOUL.

J'en profiterai, mon oncle.

LE BARON.

Pour ne pas te blesser, je veux te parler avec les plus grands ménagemens... Tu es un fat, un indiscret et un bavard.

RAOUL.

Ah ! je vous en prie , ne me ménagez pas tant !..

LE BARON.

Et, comme tu ne connais personne à Versailles, que tu ne sais jamais à qui tu t'adresses... tu t'exposes à de mauvaises affaires.

RAOUL, vivement.

Ah ! parbleu ! mon oncle, vous êtes un homme de tact... J'ai précisément une affaire ce soir, et je ne sais avec qui.

LE BARON.

Allons !.. bien !.. un duel , malheureux !

RAOUL.

Oh ! rassurez-vous, cher oncle... Les études sont parfaitement dirigées , à l'École de Thionville... quatre heures par jour pour les repas, huit heures pour l'escrime, et le reste pour le latin... Aussi, nous sommes tous très forts...

LE BARON.

En latin ?..

RAOUL.

A l'épée... et je tuerai mon homme... sans savoir qui.

LE BARON.

Sans savoir qui !.. Mais, avec ce système-là, malheureux , tu pouvais tuer ton oncle !.. Enfin, voyons, à quel propos ce duel ?

RAOUL.

A propos... d'un propos... Je causais avec quelques camarades de l'École, sous une charmille de Trianon... Il paraît que je leur avais parlé souvent de ma... (Il s'arrête, à part.) Diable ! j'allais lui nommer sa femme !..

LE BARON.

De ta...

RAOUL.

D'une dame... à qui je rends des soins... Ils soutenaient, eux, que j'étais du dernier bien avec elle... et vous comprenez, mon oncle, je ne pouvais pas, sans les offenser, ces chers amis, leur dire que ce n'était pas vrai.

LE BARON.

Joli scrupule !

RAOUL.

A peine s'étaient-ils éloignés, qu'un inconnu... un jeune homme... qui nous écoutait sans doute... à paru tout-à-coup, pâle, tremblant, et m'a crié : « Vous en avez menti, Monsieur !.. » Sur ce , nous sommes convenus du lieu, de l'heure... et voilà tout.

LE BARON.

Mais en voilà trop !

RAOUL.

Une misère , une vétille... Et puis, entre

nous, je n'ai pas très bonne idée de mon adversaire... Dès mon premier mot de défi, il a paru tout décontenancé... il regardait avec effroi autour de lui... en me disant : « Plus bas! Mon-»sieur! plus bas! si on nous entendait! » (Secouant la tête.) Mauvais signe... et maintenant je doute qu'il vienne.

LE BARON, vivement.

Qu'il vienne, où?.. le lieu?..

RAOUL, à part.

Pour empêcher notre rencontre... oncle trop naïf! (Confidentiellement.) Vous connaissez le rendez-vous de chasse... au milieu du bois de Satory?

LE BARON.

Oui.

RAOUL.

C'est là.

LE BARON, à part.

La maréchaussée y sera avant eux!

RAOUL, à part.

Je suis tranquille... personne ne nous dérangera... ici!

SCÈNE V.

LES MÊMES, ROQUEFINETTE.

ROQUEFINETTE, tenant un bouquet qu'il baise avec des transports de joie.

A moi!.. à moi!.. Oh! quel parfum de grande dame!.. c'est au moins une duchesse! une... (Apercevant les autres personnages.) Oh! du monde!

(Il cache vivement le bouquet sous sa veste.)

LE BARON.

Encore!

RAOUL, à part.

Qu'est-ce que cela?

ROQUEFINETTE, triomphant.

Oui, encore!.. oui, toujours!.. J'ai à présent mes grandes entrées dans le parc!.. et si vous m'en défiez, je monte dans les carrosses du Roi!.. Ah! mais!..

LE BARON, allant à lui.

Ah! mais, quoi? *

ROQUEFINETTE.

Je vous l'avais bien dit!.. ça ne pouvait pas manquer de m'arriver!

LE BARON, riant.

Ah! j'y suis!.. un déjeuner!

ROQUEFINETTE.

Non... je renonce à déjeuner aujourd'hui... la joie m'a coupé l'appétit... C'est un service qu'elle devrait me rendre plus souvent.

LE BARON.

Alors, qu'est-ce qui vous est donc arrivé?

ROQUEFINETTE.

L'autre chose!.. Qu'est-ce que je vous ai

dit?.. (Se répétant.) Il est impossible qu'un homme de cet air et de cette mine...

LE BARON, riant.

Ah! bon!.. ah! bien!.. un **amour** mystérieux... (A Raoul.) qui devait lui tomber du ciel!..

(Il remonte en riant.)

ROQUEFINETTE. *

Juste!.. il m'est tombé d'une fenêtre... sur le nez!..

RAOUL, riant toujours.

L'amour?

ROQUEFINETTE, criant.

Le bouquet!

LE BARON.

Quel bouquet?

ROQUEFINETTE.

Le sien, parbleu!

RAOUL.

A qui?

ROQUEFINETTE.

A elle, donc!.. C'est pourtant bien clair... Je l'avais déjà rencontrée ici, dans le parc...

LE BARON.

Qui ça?..

ROQUEFINETTE.

Mais, elle!.. ma noble dame!.. ma duchesse, ma marquise!.. Elle doit être tout ça à la fois... même un peu baronne... et la façon dont elle m'avait souri, en me lançant une œillade... que diable! on sait ce que ne pas parler veut dire... Bref, je m'en allais, rêvant galanterie et déjeuner... quand, tout-à-coup, je la reconnais à une fenêtre du château... J'allais la saluer... elle guettait ce moment-là... Vlan!.. je reçois quelque chose d'inattendu, en pleine figure... mes yeux se ferment, ma bouche demande: Qu'est-ce que c'est que ça?.. et mon nez répond: C'est un bouquet!.. Mon nez avait raison... c'était un bouquet!

RAOUL, étonné.

Qu'on vous jetait?

LE BARON, de même.

A vous?

ROQUEFINETTE.

Croyez-vous que ce fût au grand Turc?.. Il n'y était pas... j'étais seul, absolument seul... (Avec dédain.) Si ce n'était un petit jeune homme, qui cheminait devant moi, absorbé dans ses réflexions... et qui n'a rien vu... un blanc-bec, indigne d'attirer l'attention d'une dame aussi... élevée... Ce n'était pas à lui, donc c'était à moi... et je l'ai! je le tiens! il est là, entre mon cœur et ma veste!.. (Frappant très fort sur le bouquet.) Il n'en sortira jamais!

LE BARON, ironiquement.

Bravo! capitaine!.. Venez, mon cher Raoul, je veux vous mener chez votre tante...

RAOUL.

Bonne chance, mon cher Monsieur.

---

* Raoul, le Baron, Roquefinette.

* Raoul, Roquefinette, le Baron.

LE BARON.

Air du Chevalier d'Éon.

Mais craignez de vous compromettre :
Votre belle a bien, s'il lui plaît,
Un amant, un mari peut-être...

ROQUEFINETTE.

Les deux... ce sera plus complet.

RAOUL.

Et, pour prix de votre équipée,
Il peut vous advenir d'ailleurs,
Mon cher, quelque bon coup d'épée...

ROQUEFINETTE.

J'en rendrai deux, encor meilleurs.

ENSEMBLE.

Je crains peu de me compromettre :
Qu'elle ait donc, si cela lui plaît,
Un amant, un mari peut-être,
Mon triomphe sera complet.

LE BARON et RAOUL, en remontant.

Oui, craignez de vous compromettre :
Votre belle a bien, s'il lui plaît,
Un amant, un mari peut-être,
Qui sans doute se fâcherait.

(Le Baron et Raoul se rejoignent au fond, se prennent
le bras et s'éloignent.)

SCÈNE VI.

ROQUEFINETTE, seul, riant.

Un mari !.. pour effrayer Roquefinette, qui
a battu les Espagnols dans le Roussillon !..
Mais ma rapière les connaît, les maris... je lui
ai fait hommage de quelques-uns de ces malheureux, et elle y a pris goût... S'il s'en présente un, on l'accommodera proprement.

SCÈNE VII.

ROQUEFINETTE, LA BARONNE.

LA BARONNE, entrant, très agitée.

Ah !.. le voilà !..

ROQUEFINETTE.

C'est elle !

**LA BARONNE, s'approchant, tout en regardant
autour d'elle.**

Monsieur !.. Monsieur, je vous cherchais !..

ROQUEFINETTE, saluant.

Je m'en doute, Madame... Mais rassurez-
vous... nous sommes seuls, absolument seuls...

LA BARONNE, très émue.

Ne me jugez pas mal, Monsieur... ne croyez
pas que...

ROQUEFINETTE.

Ce n'est pas mon opinion.

LA BARONNE.

Tout à l'heure, ce bouquet... tombé à vos
pieds... ramassé par vous...

ROQUEFINETTE, vivement.

Il repose sur mon sein !

LA BARONNE.

Ce bouquet... qui a échappé de mes mains...
malgré moi...

ROQUEFINETTE, à part.

Toujours.

LA BARONNE.

Rendez-le-moi, Monsieur, rendez-le-moi !

ROQUEFINETTE, avec passion.

Quoi ! Madame, vous exigez que mon bien,
mon trésor !.. Oh ! non, ne l'espérez pas...
Jamais, jamais il ne sortira de ma veste !

LA BARONNE.

Que dit-il?.. Mais, Monsieur...

LE BARON, au dehors.

Dans cette allée, dites-vous ?

LA BARONNE.

Ciel ! mon mari !

(Elle s'éloigne vivement de lui.)

ROQUEFINETTE.

Son mari !.. Il y en a un !.. Le tuteur avait
raison !..

(La Baronne fait un mouvement pour aller au devant de son mari.)

SCÈNE VIII.

LES MÊMES, LE BARON. *

LE BARON, tenant un gros bouquet.

Ah ! je vous cherchais, ma chère Baronne...

ROQUEFINETTE, étonné, à part.

Hein ?

LE BARON.

Je vous croyais rentrée, et je m'empressais
de vous porter ce petit bouquet... hommage
conjugal et quotidien...

**ROQUEFINETTE, à part, avec la plus grande sur-
prise.**

C'était mon Baron !

LE BARON.

Pour remplacer celui de tantôt, que vous
avez bien fait de jeter...

ROQUEFINETTE, à part.

Il me reviendra encore, celui-ci.

**LE BARON, apercevant Roquefinette, au moment
où il s'apprêtait à sortir en donnant la main à la
Baronne.**

Ah !.. il est encore là?.. (Bas, à sa femme.) Un
original... un fou... ne faites pas attention à
cela... (Prenant à part Roquefinette.) Eh bien?..
vos amours?.. cela va-t-il ?

ROQUEFINETTE, bas.

Ça va plus fort que jamais... et, vous aviez

____

* Roquefinette, le Baron, la Baronne.

dit vrai... il y a un mari... le mari s'y trouve.

LE BARON.

Ah ! bah ?..

LA BARONNE, se rapprochant.

Qu'est-ce ?

LE BARON, à sa femme.

Venez, Baronne... j'ai laissé chez vous notre neveu Raoul... qu'il vous faut sermonner un peu.

LA BARONNE.

Que voulez-vous dire ?

LE BARON.

Je vais vous conter cela.

Air : de Gustave.

(Bas, à Roquefinette.)

Brave capitaine,
Séducteur charmant,
Je vous fais, sans peine,
Deux fois compliment.

ROQUEFINETTE.

Baron, quoique modeste,
Ici, je vous l'atteste,
Des complimens si doux,
Me plaisent d'autant plus qu'ils me viennent de vous.

ENSEMBLE.

Comme capitaine,
Ou bien comme amant,
Je reçois sans peine
Votre compliment.

LA BARONNE, à part.

Tremblante, incertaine,
Pour moi, quel moment !
Ah ! je puis à peine
Cacher mon tourment.

LE BARON.

Brave capitaine, etc.

(Il sort avec la baronne.)

SCÈNE IX.

ROQUEFINETTE ; puis, le DUC D'ANJOU.

ROQUEFINETTE, seul, retirant vivement le bouquet de sa veste.

Elle me l'a laissé !.. oh !.. (Il le baise à plusieurs reprises.) Je ne crains plus de l'abymer... il y en a un autre.. le mari y a pourvu... (Le baisant.) Tiens ! tiens ! tiens ! (Avec transport.) Oh ! si je savais le langage des fleurs !.. Mais c'est une langue étrangère, qui n'a pas fait partie de mon éducation... On prétend que quelquefois les amans... (Tout-à-coup.) Ah ! vingt mille boulets !.. Mais ils ont encore mieux que ça, les amans !.. ils fourrent tout simplement dans le bouquet une page d'écriture... c'est encore plus clair... S'il y avait là dedans ?.. (Il s'assied sur un banc et fouille dans le bouquet. *)

* Le Duc, Roquefinette.

LE DUC, entrant un peu agité et marchant à grands pas.)

A qui m'adresser ?.. où trouver l'homme dont j'ai besoin ?.. L'heure s'approche, je n'ai plus que quelques minutes !.. Un personnage de la cour me refuserait son assistance, dénoncerait peut-être mon projet, et le roi... ah !..

(Il réfléchit.)

ROQUEFINETTE, levant la tête.

Tiens !.. le petit jeune homme qui marchait devant moi, quand on m'a jeté ceci...

(Il continue à chercher parmi les fleurs.)

LE DUC.

Il me faudrait... Eh ! mon Dieu, le premier venu... un soldat qui traverserait le parc... qui ne me connût pas surtout !

ROQUEFINETTE, trouvant un papier dans le bouquet et se levant tout-à-coup.

Un billet !..

LE DUC, se retournant.

Hein ?.. (Examinant Roquefinette, pendant que celui-ci parcourt le billet en poussant des exclamations.) Une figure franche et ouverte... un air déterminé... une plume et des rubans fanés, qui auraient difficilement accès à la cour... Je crois que voilà mon affaire.

ROQUEFINETTE, s'extasiant sur le billet.

Ah ! c'est trop ! c'est trop !... (Le duc s'approche et se découvre.) Tiens ! voilà le premier... qui me salue le premier.

(Il se découvre à son tour.)

LE DUC, après l'avoir invité, du geste, à remettre son chapeau.

Monsieur... entre gentilshommes, on peut se demander un service.

ROQUEFINETTE.

Parlez, Monsieur... (Vivement.) Pourvu que vous ne vous adressiez pas à ma bourse !.. (Le duc le rassure, du geste.) Non qu'elle ne soit pleine de bonne volonté... mais elle n'est remplie que de ça.

LE DUC.

Au besoin, Monsieur, la mienne serait à votre disposition.

ROQUEFINETTE, à part.

Au besoin ?.. Elle est donc à ma disposition dès à présent. (Haut.) En quoi puis-je vous servir ?

LE DUC.

Je vais droit au fait... je dois me battre dans quelques instans , et...

ROQUEFINETTE , l'interrompant.

Air : Ces postillons.

Je vous comprends , je vous devine !
Vous n'avez pas de témoin...

(A part.)

Quel bonheur !

(Haut.)

Et vous venez à moi... car, sur la mine,

Vous me jugez...

LE DUC.

Homme de cœur !

ROQUEFINETTE.

Vous jugez bien : je suis homme de cœur.

(A part.)

Un duel !.. que le destin m'envoie !..
Un duel !.. et tout ce qui s'ensuit !..
Je suis fâché, maintenant, que la joie
M'ait coupé l'appétit !

Comptez sur moi, Monsieur... Monsieur...
Votre nom ?...

LE DUC, à part.

Ah ! diable !.. je n'avais pas prévu... (Haut.)
Le chevalier de Brégy... cadet de famille... Le
vôtre, Monsieur ?

ROQUEFINETTE.

Le capitaine Roquefinette... bon soldat, je
m'en vante... mis de côté par les ministres du
grand roi, qui me doit sa province du Roussillon.

LE DUC, avec intérêt.

Ah ! ah !

ROQUEFINETTE.

Le motif de l'affaire ?

LE DUC, avec feu.

On a outragé une femme que j'aime !

ROQUEFINETTE, à demi voix.

J'aurais dû me douter qu'il s'agissait d'une
bêtise... (Mouvement du duc.) C'est égal, je m'en
contente... pour un duel, toutes les raisons
sont bonnes... le lieu ?

LE DUC.

Ici.

ROQUEFINETTE, effrayé.

Diantre !.. au nez et à la barbe du grand
Roi !.. (Nouveau mouvement du Duc.) C'est
égal, je m'en contente encore... Pour un duel,
tous les terrains sont bons... Vous avez des
armes ?

LE DUC.

Mon épée.

ROQUEFINETTE.

Ça ?.. Cette aiguille à tricoter ?.. Je ne m'en
contente plus... J'ai chez moi des épées de
combat...

Air du Verre.

Deux bijoux, deux petits amours,
Qui bien souvent ont fait leurs preuves,
Et que je retrouve toujours
Au moment des grandes épreuves.
Ils font bien leur devoir chacun,
Si nous savons faire le nôtre :
On touche toujours avec l'un....
Quand on n'est pas touché par l'autre.

(Sortant.)

Je serai ici dans trois minutes.

LE DUC.

Hâtez-vous !

(Roquefinette sort rapidement.)

(Le jour baisse peu à peu.)

SCÈNE X.

LE DUC, seul, marchant avec agitation, avec
orgueil.

Je vais me battre !.. et me battre pour elle !..
pour ma belle Diane, que j'aime tant !.. (Triste-
ment.) et qui ne m'aime pas !.. Si elle m'aimait,
aurait-elle feint de ne pas m'entendre, quand je
lui demandais une des fleurs de son bouquet ?..
Et ce matin, quand j'ai passé sous son balcon,
plein d'une vague espérance, ce bouquet ne
serait-il pas tombé à mes pieds ?.. Est-ce que
les femmes qui aiment ne devinent pas nos vœux
les plus secrets ?.. (Avec force.) N'importe ! à
défaut de bonheur, j'éprouve un noble orgueil
à la protéger et à la défendre, sans qu'elle en
sache rien... sans que personne à la cour ne
s'en doute !.. Oh ! si le roi savait !.. Mais tout
me rassure... Mon adversaire ne me connaît
pas, mon témoin ignore qui je suis... Mon témoin !.. un brave soldat, sans doute... que les
ministres laissent sans récompense... Je m'in-
formerai des services de ce capitaine Roquefinette... (S'interrompant.) Eh ! mais, ses services !.. le plus grand de tous, à mes yeux, n'est-
ce pas celui qu'il va me rendre ?.. n'est-ce pas
à lui que je devrai d'être fier de moi-même ?..
Ma naissance m'a fait prince, un testament m'a
fait roi... lui, m'aura fait homme !

SCÈNE XI.

LE DUC, RAOUL, venant de la droite, accompagné
d'UN TÉMOIN ; puis, ROQUEFINETTE.

RAOUL, riant.

Ha ! ha ! ha! ha!... Mon pauvre oncle, qui
court au bois de... (Le témoin lui montre le
Duc ; Raoul, changeant de ton et saluant.) Je vous
ai fait attendre, Monsieur... mille regrets...
Monsieur est mon témoin... Le vôtre ?... *

LE DUC, montrant Roquefinette, qui entre du fond,
à gauche.

Le voici.

ROQUEFINETTE, tenant des épées. **

Ah! ah!.. nous sommes en nombre... très
bien !

RAOUL, avec un peu de dédain.

Ah ! c'est là... votre témoin ?.. le capitaine
Roquefinette ?..

ROQUEFINETTE, à part.

Eh ! mais ! c'est le neveu du baron !.. Ce petit, qui avait l'air de se moquer de moi !..

* Le Duc, Raoul, le témoin.
** Le Duc, Roquefinette, Raoul, le témoin.

voyons comment ça joue de la brette. (Il présente au témoin de Raoul les épées en croix.) Les épées sont à nous... à vous le choix. (Musique.) Le témoin de Raoul prend une des épées que lui présente Roquefinette, et la remet à Raoul. Roquefinette donne l'autre au duc; puis les deux témoins se consultent un instant, et Roquefinette dit :) Allez, Messieurs ! (Le Duc et Raoul tombent en garde en même temps et se portent plusieurs bottes.)

ROQUEFINETTE, examinant le duc. *

Bien campé, le petit !.. je crois que l'autre en tient.

(Raoul fait sauter l'épée du duc. La musique s'arrête.)

LE DUC.

Désarmé !

LE TÉMOIN DE RAOUL, ramassant l'épée.

Messieurs !.. vous en resterez là.

(Raoul salue le duc et s'apprête à s'éloigner.)

ROQUEFINETTE, avec impétuosité et prenant l'épée des mains du témoin. **

Hein !.. désarmé !.. un gentilhomme qui m'a pour témoin !.. et vous croyez que je souffrirai un affront pareil?.. vous croyez qu'on aura dérangé le capitaine Roquefinette pour des jeux d'écolier !..

LE DUC, avec force.

Mais, Monsieur !..

ROQUEFINETTE, se méprenant sur sa pensée,

Quoi, Monsieur?.. votre sang est donc bien précieux, petit ?.. c'est peut-être du sang royal qui coule dans vos veines !.. Allons donc !.. Si vous en avez assez, mille boulets !.. Je prends votre place !.. (A Raoul.) En garde !

LE DUC, saisissant l'épée et le repoussant avec dignité.

Monsieur !.. (A Raoul.) Défendez-vous !

(Musique jusqu'à la fin de l'acte.)

ROQUEFINETTE, reprenant sa place sur le devant de la scène.

A la bonne heure !... (Suivant tous les coups.)

* Roquefinette sur le devant de la scène; le Duc et Raoul sur le 2ᵐᵉ plan ; le 2ᵐᵉ témoin, au fond.
** Le Duc, Roquefinette, le témoin, Raoul.

Bien, bien !.. joli coup !.. mauvaise parade !.. mieux maintenant !.. ferme !..

LE DUC, frappé.

Ah !

RAOUL.

Vous êtes blessé, Monsieur !

ROQUEFINETTE.

Blessé !

LE DUC, chancelant.

Oh ! très légèrement... mais le froid...

ROQUEFINETTE.

Rien... presque rien... une piqûre d'épingle... Attendez, attendez... ça me connaît...

(Il déploie son mouchoir pour en faire une écharpe. Le témoin de Raoul regarde au fond pour s'assurer que personne ne peut les surprendre.)

RAOUL, s'approchant du Duc, et bas.

Monsieur... j'ai menti... la baronne de Villeblanche mérite tout mon respect.

LE DUC, avec joie.

Ah ! Monsieur ! vous êtes un digne gentilhomme !.. (Il lui tend la main.) Mais éloignez-vous... Il y va de votre liberté... (Plus bas.) Je suis le roi d'Espagne !

RAOUL.

O ciel !

LE DUC, vivement.

Chut !

ROQUEFINETTE, achevant de lui envelopper le bras.

Là !.. voilà ce que c'est. (Le témoin lui fait signe que l'on s'approche.) Ciel ! du monde !.. (Entraînant le Duc cavalièrement.) Venez, petit, venez !

RAOUL, effrayé.

Mais, Capitaine !.. c'est...

LE DUC, l'arrêtant du geste.

Silence !

(Roquefinette entraîne le Duc à gauche, pendant que Raoul demeure stupéfait et les suit du regard. En ce moment, quelques personnages de la cour paraissent au fond du théâtre.)

FIN DU PREMIER ACTE.

ACTE II.

Un petit salon, au château de Versailles. L'entrée principale au fond. Portes latérales et portes aux angles. Au fond, un deuxième salon.

SCÈNE I.

LE CHEVALIER, LE BARON.

(Ils entrent par les portes des angles, l'un à gauche, l'autre à droite, déclamant et lisant comme au premier acte; mais chacun arrivant du côté par lequel est venu l'autre à l'acte précédent.)

LE BARON, étudiant.

Chambellan... *Camérero...* du roi... *d'el rey...*

LE CHEVALIER, déclamant.

« Modèle des amans, émule des grands princes...»

LE BARON, avec impatience.

Ah ! c'est encore le chevalier !..

LE CHEVALIER.

C'est toujours ce cher baron !.. Je ne vous demande pas ce qui vous occupe à ce point... L'espagnol...

LE BARON.

Ah ! Sa Majesté me devra une belle récompense !

LE CHEVALIER.

Pensez-vous que la poésie ne mérite pas aussi quelques faveurs ?..

LE BARON.

La poésie ?.. Belle misère !.. Mais, mon cher, s'il ne s'agissait que d'adresser des alexandrins à un roi quelconque, j'en serais bientôt quitte...

LE CHEVALIER.

Vous ?..

LE BARON.

Certainement... je les ferais faire par le premier grimaud, et j'aurais ma place...

LE CHEVALIER.

Ah ! de cette façon, je comprends.

LE BARON.

Tandis que l'espagnol... j'aurais beau le faire apprendre à un autre, ça ne me le ferait pas parler plus vite.

LE CHEVALIER.

C'est juste.

LE BARON.

Mais je ne me désespère pas... La place de majordome de semaine est toujours vacante...

LE CHEVALIER.

Personne n'est encore en possession de mon emploi d'écuyer...

LE BARON.

Bonne chance, Chevalier !

LE CHEVALIER.

Bon succès, Baron !..

(Ils se serrent la main, et se tournent le dos, en lisant, l'un son livre, l'autre ses tablettes, et se dirigent tous deux vers la porte du fond, qui s'ouvre et laisse voir Roquefinette, en habit de cour.)

SCÈNE II.

LES MÊMES, ROQUEFINETTE, vêtu magnifiquement. *

ROQUEFINETTE.

Eh ! voici ma vieille connaissance, le baron de Villeblanche !

LE CHEVALIER.

Quel est cet homme ?

LE BARON.

Que vois-je ! M. Roquefinette !.. ici, dans les appartemens du jeune roi d'Espagne !

ROQUEFINETTE.

Ah ! j'y suis donc, enfin ?.. Je vous remercie de me l'apprendre, ma vieille connaissance...

LE BARON.

Vieille connaissance, vieille connaissance !.. Eh ! Monsieur nous ne nous connaissons que d'hier.

ROQUEFINETTE.

Nous nous connaîtrions de ce matin seulement, que vous n'en seriez pas moins une très vieille connaissance.

* Le Chevalier, Roquefinette, le Baron.

LE BARON, le regardant de la tête aux pieds.

Eh ! mais...

ROQUEFINETTE.

Ah ! vous regardez mon nouveau costume... J'ai changé.

LE BARON.

Il était temps !

ROQUEFINETTE.

Oui, les habits sont comme les maîtresses... Il faut toujours les quitter, avant qu'ils ne nous quittent.

LE CHEVALIER.

Est-ce que vous avez l'intention de rester ici bien long-temps ?..

ROQUEFINETTE.

Aussi long-temps que les devoirs de ma charge m'y retiendront...

LE BARON.

Votre charge ?

LE CHEVALIER.

Vous avez donc un emploi ?

ROQUEFINETTE.

Mais, oui... Ce matin, à mon réveil, au moment où je sonnais mon valet de chambre...

LE BARON, ironiquement.

Ah ! vous avez un valet de chambre ?

ROQUEFINETTE.

Non, mais j'ai une sonnette... et, à force d'entendre carillonner, ce drôle finira peut-être par venir... Je crois qu'il n'est pas loin... car ce matin, comme je vous le disais, à peine avais-je sonné Jasmin, que mon premier regard, tombant sur la cheminée, rencontre deux paquets, scellés du cachet royal... Etonné, je me lève, je les ouvre aussitôt... L'un contenait le brevet d'écuyer de S. M. le roi d'Espagne...

LE BARON et LE CHEVALIER.

Écuyer !..

LE CHEVALIER.

Ecuyer !.. vous êtes écuyer !..

LE BARON, riant.

Ecuyer, vous ?.. Ah bah !..

ROQUEFINETTE.

Sans doute.

LE BARON, riant.

Juste, la place que ce pauvre Chevalier... Ha ! ha ! ha ! ha ! C'est très amusant !..

ROQUEFINETTE.

Vraiment ?.. Monsieur sollicitait cet emploi ?..

LE BARON, riant toujours.

Il rédigeait sa demande en vers... c'est ce qui l'a fait arriver trop tard... Ha ! ha ! ha ! ha !

LE CHEVALIER.

C'est affreux ! c'est indigne !

ROQUEFINETTE, riant.

Là, là, M. le Chevalier !..

LE CHEVALIER.

Et je brise ma plume !

LE BARON, riant.

Oh ! oh ! Il brise sa plume !.. une si belle plume !..

ROQUEFINETTE.
Heureusement, les oies en ont d'autres...
LE CHEVALIER, allant à lui.
Monsieur !.. serait-ce une comparaison ?..
ROQUEFINETTE.
Elle n'aurait rien d'offensant pour vous... j'adore ces volatiles.
LE CHEVALIER.
A la bonne heure !
ROQUEFINETTE.
Mais j'ai un autre emploi qui me réclame, et je cours...
LE BARON.
Un autre emploi ?..
ROQUEFINETTE.
Eh ! oui... vous ne m'avez pas laissé achever... Le second paquet contenait un brevet de majordome de semaine...
LE BARON, interdit.
Hein ?.. Ma... major... vous êtes major...
ROQUEFINETTE.
Majordome de semaine, si cela peut vous plaire.
LE CHEVALIER, riant.
Ah bah ?.. mais, au contraire, c'est que cela ne lui plaît pas du tout, à ce pauvre baron !
ROQUEFINETTE.
Vraiment ?..
LE CHEVALIER, riant.
C'est justement la place qu'il sollicitait !
ROQUEFINETTE.
Comment ! M. le baron avait des vues...
LE CHEVALIER, riant aux éclats.
Il rédigeait sa demande en espagnol... c'est ce qui l'a fait arriver trop tard... Ha ! ha ! ha ! ha !
LE BARON.
C'est d'une injustice révoltante !..
ROQUEFINETTE.
Ainsi, Messieurs, je vous ai supplantés tous les deux ?.. (Riant.) Ha ! ha ! ha ! c'est fort plaisant !
LE CHEVALIER, riant.
C'est extrêmement plaisant !..
LE BARON, très gravement.
C'est immensément drôle !
LE CHEVALIER.

Air de Julie.

Quoi ! de nos deux places, pas une !..
LE BARON.
Il prend les deux !.. c'est fort impertinent !
LE CHEVALIER.
C'est une horreur !
LE BARON.
Où diable la fortune
Va-t-elle donc se nicher maintenant ?
ROQUEFINETTE.
Eh ! mais, baron, ne vous déplaise,
On va toujours où l'on se trouve bien,
Et dans ma bourse, où n'entre jamais rien,
Elle était sûre d'être à l'aise.

LE CHEVALIER.
Vous avez donc quelqu'un qui vous protège ?

ROQUEFINETTE.
Sans fatuité, je le crois.
LE BARON.
Quelqu'un qui sollicite pour vous ?..
ROQUEFINETTE.
On daigne s'intéresser à moi.
LE BARON.
Et cette personne, c'est ?..
ROQUEFINETTE, avec feu.
C'est elle !.. la femme de mes rêves !.. ma fée bienfaisante !.. La belle et puissante dame, qui ne pouvait manquer de distinguer Roquefinette, d'apprécier Roquefinette et d'aimer Roquefinette !
LE BARON.
Comment ! cette double faveur, vous l'attribuez...
ROQUEFINETTE.
A mon inconnue... Je ne connais qu'elle à la cour... elle et vous... mais, comme vous désiriez un de mes deux emplois, je ne pense pas que ce soit vous qui me l'ayez fait obtenir...
LE CHEVALIER.
Ce n'est pas lui.
ROQUEFINETTE.
Merci... (Le baron remonte, furieux.) Et, d'ailleurs, c'est aux belles, aux belles seules que je veux devoir quelque chose... rien à leurs époux ! *
LE BARON, vivement.
En effet !.. La fée est mariée !.. il me l'a dit !
LE CHEVALIER.
Ah ! diable !.. je me félicite d'être célibataire... Voilà qui m'inquièterait fort, si j'avais, comme vous, Baron, une jeune et jolie femme.
LE BARON, avec assurance, et d'un air goguenard.
M'inquiéter, moi ?.. Je suis bien tranquille.
ROQUEFINETTE.
Oh ! le baron est bien tranquille.
LE BARON.
J'ai ma botte secrète, Messieurs...
ROQUEFINETTE.
Ah ! vous avez...

(Il fait le geste de tirer l'épée.)

LE BARON, achevant.
Certaine petite lettre de cachet en blanc, que j'avais obtenue, il y a quelques six mois, pour me débarrasser d'un jeune chevau-léger, qui s'était mis en tête de plaire à la baronne...
ROQUEFINETTE, inquiet.
Une lettre de cachet !..
LE BARON.
A laquelle il ne manque que le nom, resté en blanc... Mon chevau-léger s'étant fait tuer en Flandre... attention délicate dont je le remercie... j'ai conservé précieusement la lettre, pour en disposer en faveur du premier soupirant qui en conterait à ma femme...
ROQUEFINETTE, à part.
Voilà qui mérite réflexion... La Bastille !. Diable ! s'il savait...

* Le Chevalier, le Baron, Roquefinette.

LE CHEVALIER, bas, au baron.

Quelle peut donc être cette protectrice mystérieuse?

LE BARON, de même.

Quelque vieille douairière.

LE CHEVALIER.

C'est possible... (Haut.) Adieu, M. le majordome !

LE BARON.

Au revoir, M. l'écuyer !.. (Au Chevalier.)

Air de Lucrèce Borgia.

Venez, compagnon de disgraces,
Venez, ami trop malheureux :
Puisque Monsieur nous prend nos places,
Cherchons-en d'autres pour nous deux.

Ne faut-il pas qu'on se soutienne?
Si nous découvrons quelque emploi
Qui vous plaise et qui vous convienne...

(Le chevalier lui serre la main. A part.)

Je le demanderai pour moi.

ENSEMBLE.

LE BARON et LE CHEVALIER.

Venez, compagnon de disgraces, etc.

ROQUEFINETTE.

Allez, compagnons de disgraces,
Allez, courtisans malheureux :
Puisque l'on me donne vos places,
Cherchez-en d'autres pour vous deux.

(Ils sortent au fond, à droite.)

ROQUEFINETTE.

Messieurs, j'ai bien l'honneur... (Seul.) Ha ! ha ! ha ! Le baron s'en va furieux !.. Qu'est-ce qu'il serait donc, s'il savait que sa... (Changeant de ton.) Qu'ai-je vu !.. je ne me trompe pas !.. C'est ma fée... ma protectrice !..

SCÈNE III.

LA BARONNE, ROQUEFINETTE.

LA BARONNE, entrant par la seconde porte, à gauche.

Ciel !.. cet homme ici !.. Il n'est pourtant pas de la cour !..

ROQUEFINETTE, s'approchant.

Il m'est donc enfin permis, Madame...

LA BARONNE, à demi-voix.

Je vous trouve seul, Monsieur... et j'en suis heureuse.

ROQUEFINETTE, à part.

Heureuse !.. Diable ! elle va plus vite que moi... (Haut.) Heureuse, Madame !.. et moi, je suis transporté, enivré !.. je suis...

LA BARONNE.

Un mot !.. un seul !.. car on pourrait nous surprendre.

ROQUEFINETTE.

C'est juste... Si M. le baron savait...

LA BARONNE.

Je serais perdue !.. Ecoutez-moi donc... Vous avez découvert le secret d'une femme, et ce secret, qu'elle aurait voulu ensevelir dans son cœur, fût-ce au prix de sa vie... elle le met sous la sauve-garde de votre honneur... Puis-je me fier à vous, Monsieur ?

ROQUEFINETTE.

Vous le pouvez, belle dame... et je me ferais tailler en pièces, plutôt que de vous trahir !.. si vous consentez à m'avouer que ce n'est pas le hasard seul qui a fait échapper de vos mains ce bien heureux bouquet !..

LA BARONNE, baissant les yeux.

Ce bouquet !..

ROQUEFINETTE, à part.

Elle baisse les yeux !.. (Haut.) Allons, avouez, avouez, de grâce...

LA BARONNE.

Oh ! vous êtes bien cruel, Monsieur... vous me forcez à rougir.

ROQUEFINETTE, ravi.

Assez ! assez, Madame !.. Croyez à une discrétion de toute la vie !.. à un dévouement de toute la vie !.. à une ten...

LA BARONNE, l'interrompant.

Et vous, Monsieur, comptez sur ma reconnaissance...

ROQUEFINETTE.

J'y compterai toute ma vie !..

LA BARONNE, vivement.

Quelqu'un !.. Il ne faut pas qu'on nous voie ensemble !.. Adieu, Monsieur !..

(Elle sort précipitamment par la deuxième porte, à droite.)

SCÈNE IV.

ROQUEFINETTE ; puis, LE DUC.

ROQUEFINETTE.

Elle a avoué !.. elle a tout avoué !.. Ah ! Roquefinette, mon ami... tu es un heureux faquin !

(Il se laisse tomber sur un fauteuil, à droite.)

LE DUC, entre précipitamment, par la première porte, à gauche, et suit des yeux la baronne.

C'était elle !.. Et elle s'est enfuie en m'apercevant !

ROQUEFINETTE.

Tiens ! c'est mon petit jeune homme... Holà ! mon jeune ami !..

LE DUC, à part.

Hein ?.. qui ose ?.. (Apercevant Roquefinette, à part.) Roquefinette !.. ici !.. Mais je ne voulais pas qu'il me connût avant mon départ !..

ROQUEFINETTE, toujours assis.

Est-ce que vous avez vos entrées ici, mon jeune ami ?..

LE DUC, souriant.

Moi ?.. mais... mais oui... (A part.) Lui ! mon témoin ! *

____

* Le Duc, Roquefinette.

ROQUEFINETTE.

Ah! ah! nous avons donc quelque petit emploi à la cour?.. Tant mieux... nous nous verrons plus souvent... Je vous aime, moi, depuis
ce coup d'épée...

LE DUC.

Chut! Imprudent!..

ROQUEFINETTE.

C'est bon... la maman n'en saura rien... Nous
la craignons donc bien, la maman?.. C'est égal,
je ne vous en aime pas moins... Et l'amitié de
Roquefinette, ce n'est pas peu de chose, petit...

LE DUC, riant.

Et je vous en suis très reconnaissant.

ROQUEFINETTE.

Mais vous vous tenez là-bas... nous sommes à
une lieue l'un de l'autre...

LE DUC, restant en place.

C'est vrai.

ROQUEFINETTE.

Eh bien! approchez donc... venez vous asseoir, là, près de moi...

LE DUC, regardant autour de lui.

M'asseoir?..

ROQUEFINETTE.

Oh! les grandeurs ne m'ont pas changé, allez.

LE DUC.

Mais...

ROQUEFINETTE.

Allons, allons, venez donc.

LE DUC, à part.

En vérité, il m'amuse.

(Il va s'asseoir sur une chaise ou un tabouret, tout
à côté de Roquefinette, qui se prélasse dans un
fauteuil.)

ROQUEFINETTE.

A la bonne heure!.. Vous saurez donc, mon
jeune ami, que, depuis hier, mon destin a en-
tièrement changé de face...

LE DUC.

Je vous en félicite.

ROQUEFINETTE.

Oui, le sort s'est lassé de ne protéger que
des sots, et il s'est pris à me sourire... J'ai deux
places... deux à la fois!

LE DUC, l'observant.

Et savez-vous à qui vous les devez?..

ROQUEFINETTE.

Parfaitement.

LE DUC, étonné.

Ah bah!..

ROQUEFINETTE.

A une personne haut placée.

LE DUC, à part, un peu effrayé.

Est-ce qu'il se doute... (Haut.) Et cette personne?..

ROQUEFINETTE, se frottant les mains.

C'est une femme, mon cher!

LE DUC, se levant tout-à-coup.

Une femme!..

ROQUEFINETTE, se levant aussi.

Ou plutôt, une fée!.. Oui, mon cher, une
belle dame, qui m'a aperçu, qui m'a remarqué

et qui s'est éprise des charmes de votre servi-
teur.

LE DUC.

Et c'est à elle que vous devez...

ROQUEFINETTE.

Tout ce que je suis... et ce que je serai bientôt... car elle ne s'en tiendra pas là... elle me
le disait ici, il n'y a qu'un instant.

LE DUC, vivement.

Ici, dites-vous?.. quand je suis arrivé?..

ROQUEFINETTE.

Mon Dieu! oui.

LE DUC, à part.

La baronne!.. (Haut, avec anxiété.) Et elle
vous parlait de son amour?..

ROQUEFINETTE.

Non, pas encore!.. Comme vous y allez!..
nous ne nous connaissons que d'hier...

LE DUC.

D'hier?..

ROQUEFINETTE.

Elle me recommandait seulement d'être dis-
cret... de ne parler à personne de certain bouquet, qu'elle laissa tomber...

LE DUC.

Un bouquet!..

ROQUEFINETTE.

Et qui vint s'abattre sur mon nez, au moment
où je me promenais sous ses fenêtres... Eh! tenez, vous veniez justement de passer avant moi!

LE DUC.

Quoi!.. c'est au moment... (A part.) Oh! je
comprends, alors!.. (Haut.) Et quand elle vous
a revu...

ROQUEFINETTE.

Elle m'a d'abord redemandé ces fleurs...

LE DUC, tremblant d'émotion.

Qui, disait-elle, ne vous étaient pas destinées?

ROQUEFINETTE, riant.

Justement!

LE DUC.

Et vous n'avez pas cru à ses protestations?

ROQUEFINETTE.

Justement!

LE DUC.

Et la discrétion qu'elle vous recommandait,
les brevets que vous avez reçus... voilà les seuls
témoignages, les seules preuves de son amour?..

ROQUEFINETTE.

Justement!

LE DUC, avec effusion.

Ah! mon ami!.. mon cher Roquefinette!..
combien je suis heureux!..

ROQUEFINETTE, lui serrant les mains.

Merci, merci!.. vous prenez part à mon bonheur... (A part.) Décidément, c'est un bon petit
jeune homme... (Haut.) Je suis sûr qu'il n'y a
pas long-temps que vous êtes à la cour... Mais,
si vous avez besoin de quelque chose, il faudra
me le dire... je vous ferai tout obtenir, par ma
protectrice.

LE DUC, souriant.

Je n'y manquerai pas... (A part, avec joie.) Oui,
oui,.. c'est à moi que son cœur destinait ce

bouquet, et sa main, qui tremblait, l'a laissé
tomber trop tard!.. (Haut, et avec abandon.) Ce
bon Roquefinette!. Ah?.. ça, vous êtes heureux,
vous ne manquez de rien, j'espère.

ROQUEFINETTE.

Je suis parfaitement heureux...

Air de Turenne.

J'occupe un logis magnifique
Dans ce palais, désormais mon séjour;
Et j'ai droit (privilége unique!)
A deux déjeuners chaque jour

LE DUC, riant.

A deux déjeuners?..

ROQUEFINETTE.

Chaque jour.
A deux emplois puisqu'on me nomme,
Je dois savoir m'y résigner...
Quand l'écuyer a pris son déjeuner,
Je fais servir le majordome.

J'ai de l'argent sur toutes les coutures de mon
habit... il n'en manque nulle part... Ah! si!..
dans les poches... c'est une lacune... et si je
pouvais obtenir d'avance un trimestre de ma
solde... Mais parler d'argent à ma protectrice...
à ma fée!.. fi donc!..

LE DUC, gaîment.

Inutile, mon cher, de lui en dire un mot... si
c'est une fée, elle doit vous deviner, ou elle
n'entend rien à son état... c'est dans son rôle,
et j'ai bon espoir pour vous.

ROQUEFINETTE.

Oh! alors, je n'aurai plus rien à envier à
leurs Majestés de France et d'Espagne, car j'aurai des succès, grâce à ma tournure, de la con-
sidération, grâce à mon emploi, du respect,
grâce à mon habit!.. (Deux seigneurs de la cour
entrent par la première porte à droite, en causant, et,
voyant le Duc placé derrière Roquefinette, le saluent
profondément et à plusieurs reprises, en gagnant la
porte du fond.) Eh! tenez, tenez! voyez donc ces
gentilshommes qui saluent!..

LE DUC.

Ces gentilshommes?.. (A part.) Ils vont me
trahir!

ROQUEFINETTE, répondant à leurs saluts.

C'est l'effet de mon habit!..

LE DUC, bas, et vivement.

Ah! vous croyez que c'est vous que l'on salue?

ROQUEFINETTE.

Parbleu!.. puisqu'il n'y a que nous deux ici.
(Le Baron et le Chevalier entrent par la seconde
porte à droite et s'inclinent devant le prince.) Et le
Chevalier!.. et le Baron aussi!.. eux, dont j'occupe les emplois!..

LE DUC, à part.

Comment l'éloigner?.. Ah! (A Roquefinette.)
Oui, vous les occupez, mais vous ne les rem-
plissez guère.

ROQUEFINETTE, vivement,

C'est juste!.. Le grand chambellan doit m'attendre!..

LE DUC, bas, en passant devant lui.

Suivez-moi... je vais vous conduire jusqu'à sa
porte.

(Il salue légèrement, de la main gauche, le Baron et
le Chevalier qui s'inclinent de nouveau, et sort
à droite. Roquefinette, passant à son tour devant
eux, et prenant leurs saluts pour lui, y répond
d'un air de grand seigneur, et, arrivé à la porte,
se retourne pour leur faire un petit geste de pro-
tection.)

ROQUEFINETTE.

Adieu, Messieurs, adieu!

(Il sort.)

SCÈNE V.

LE CHEVALIER, LE BARON.

LE BARON.

L'insolent!.. quel air d'importance il a pris!..

LE CHEVALIER.

Et Sa Majesté ne m'a pas adressé la parole!

LE BARON.

Ni à moi!.. elle ne s'est pas informée de mes
progrès en Espagnol!.. il est vrai que je n'en
fais pas...

LE CHEVALIER.

Elle ne m'a pas dit un mot de ma dernière
production poétique!.. on doit cependant lui en
avoir parlé...

LE BARON, avec ironie.

Vous vous donnez assez de mal pour cela...
on rencontre partout de vos vers...

LE CHEVALIER, l'observant.

Partout?.. (Bas.) Est-ce qu'il aurait vu ceux
que j'ai mis dans le bouquet de sa femme? (Haut,
en riant.) Diable! mon cher Baron... n'allez pas
pour, cela, m'envoyer à la Bastille!..

LE BARON.

A la Bastille, vous?.. et pourquoi?..

LE CHEVALIER.

Pour ce joli madrigal, que j'ai galamment
glissé dans le bouquet de la Baronne.

LE BARON.

Un madrigal?..

LE CHEVALIER.

Assez coquet, j'ose le dire.., celui d'hier...
vous savez...

« L'Amour, qui naquit à Cythère... »

LE BARON, riant.

Oh!.. L'Amour qui naquit à Cythère!..

LE CHEVALIER, piqué.

Où voulez-vous donc qu'il soit né?..

LE BARON.

Mais c'est du dernier vieux, mon cher...
Allez, allez, faites des vers à ma femme tant
qu'il vous plaira... ce n'est pas de vous que je
serai jaloux.

(Il fait une pirouette.)

SCÈNE VI.

LES MÊMES, ROQUEFINETTE.*

ROQUEFINETTE, une bourse à la main, et comme en
délire.

Ah! c'est de la magie, de la féerie!.. j'assiste
aux *Mille et une nuits!*

LE BARON.

Qu'est-ce donc?..

ROQUEFINETTE.

Elle devine tous mes souhaits!.. elle m'entend, sans que je parle!.. elle me donne, sans
que je demande!..

LE BARON.

Quoi?..

LE CHEVALIER.

Qui?..

ROQUEFINETTE.

Ma fée!.. toujours la même!.. Est-ce qu'il peut
y en avoir deux comme ça?.. Tout à l'heure,
j'exprimais à un ami le désir que j'aurais eu de
toucher un trimestre d'avance... Un instant
après, je n'y pensais déjà plus... et voilà
qu'en sortant de chez le grand-chambellan, on
me remet cette bourse, toute brodée d'or et toute
remplie d'or!.. Comprenez-vous ma joie, mon
bonheur!.. Ce n'est pas pour la somme... fi
donc!.. J'en avais grand besoin, et je suis fort
content de l'avoir... Mais c'est l'empressement,
la délicatesse, la tendre sollicitude de cet ange
qui me transportent!.. Ah! je voudrais lui parler
le langage des dieux!.. je voudrais être poète,
pour la remercier en vers de douze pieds!..

LE CHEVALIER, vivement.

Je suis votre homme!

LE BARON.

Bon! à l'autre!

ROQUEFINETTE.

Merci... il faudrait pour ça quelqu'un de beaucoup de talent... Car elle en fait elle-même, des
vers...

LE BARON.

Bah!

ROQUEFINETTE.

Parbleu! elle fait tout ce qu'elle veut... témoin ceux-ci, qui faisaient partie du bouquet
que j'ai reçu... ces ravissans bouts-rimés, que
je sais par cœur.

(Déclamant.)

« L'Amour, qui naquit à Cythère!..

LE BARON, sautant sur lui-même.

Hein?.. vous dites?..

LE CHEVALIER, se rapprochant.

Plaît-il?

ROQUEFINETTE.

« L'Amour qui naquit...

LE BARON, se contenant.

A Cythère!.. Est-ce bien à Cythère, Monsieur?

* Le Chevalier, Roquefinetté, le Baron.

ROQUEFINETTE.

Parbleu!.. où voulez-vous donc qu'il soit né?

LE CHEVALIER.

Précisément, ce que je disais!.. (A part.) Mais
l'aventure menace d'être piquante!

ROQUEFINETTE.

Est-ce que vous ne trouvez pas ce début
joli?..

LE BARON, avec un calme apparent.

Extrêmement joli... Et ces charmans petits
vers étaient dans le bouquet qu'on vous jeta?..

ROQUEFINETTE.

Mais, oui...

LE BARON.

Dans le bouquet qu'on vous jeta hier?..

ROQUEFINETTE.

Hier... à six heures précises...

LE CHEVALIER, à part.

Juste, au moment où je venais de les glisser!..

LE BARON, éclatant.

Monsieur, vous m'en rendrez raison!

LE CHEVALIER.

Un duel!.. je ne le reconnais plus!

ROQUEFINETTE.

Hein!.. vous dites, Monsieur?..

LE BARON.

Que je connais votre belle protectrice, Monsieur!..

ROQUEFINETTE, à part.

Ah! diable!..

LE BARON.

Que je sais qui vous a jeté un bouquet, Monsieur!..

ROQUEFINETTE.

Diable! diable! diable!

LE BARON.

Que je sais qui a composé ces vers, Monsieur!..

Air du Carnaval de Béranger.

J'ai faim, j'ai soif de meurtre et de vengeance!
Vil séducteur, il me faut votre sang!

LE CHEVALIER.

Ciel! arrêtez!.. Baron, de la prudence!

ROQUEFINETTE, à part.

Mais voyez donc quel tigre rugissant!

LE BARON.

Oui, oui, je veux votre sang et vos larmes!
Ce n'est pas trop pour un pareil forfait!
Et, de ce pas, je vais chercher...

ROQUEFINETTE.

Des armes?

LE BARON.

Je vais chercher ma lettre de cachet.

(Il remonte.)

ROQUEFINETTE.

Votre lettre de cachet?

LE CHEVALIER, à part.

A la bonne heure!.. je le reconnais...

LE BARON, revenant.*

Oui!.. les Ursulines et la Bastille me venge-

*Le Chevalier, le Baron, Roquefinette.

ront de la perfide et de vous!.. Pour elle, la Bastille, et pour vous, les Ursulines!.. non! pour vous, les Ursulines et pour elle la... non, non!.. je ne sais plus ce que je dis... mais je sais ce que je ferai, Monsieur... Je sais ce que je ferai!.. (Le voyant accablé.) Ah! ah! vous avez peur!..

ROQUEFINETTE, se remettant de son trouble.

Eh bien! non!.. je n'ai pas peur... Au fait, on n'enferme pas de la sorte un écuyer du roi d'Espagne, un majordome de semaine du roi d'Espagne!.. Et si vous n'avez pas des motifs plus graves que votre accident conjugal...

LE BARON.

J'en aurai, Monsieur!.. j'en ai, Monsieur!.. on en a toujours, pour mettre un homme à la Bastille, Monsieur!.. (D'un ton goguenard.) Et tous vos duels?..

ROQUEFINETTE.

Aïe!..

LE BARON.

Le roi ne plaisante pas sur ce chapitre, et nous verrons s'il donnera ordre de vous relâcher, vous, le témoin de MM. de Montvoisin... de MM. de Ravennes et de Chalais... Adieu, M. de Roquefinette... Venez, Chevalier... Vous faites de très mauvais vers, mais cette fois, du moins, ils sont bons à quelque chose!

LE CHEVALIER.

Merci!..

(Ils sortent au fond.)

SCÈNE VII.

ROQUEFINETTE; puis, LE DUC.

ROQUEFINETTE.

Patatras!.. tout l'édifice s'écroule!.. mon bonheur s'envole... ma fortune s'évanouit... et je suis prêt à faire comme ma fortune... La Bastille!.. C'est qu'il a raison, j'y ai tous les droits possibles!.. S'il a l'indiscrétion de parler de mes duels, on n'en demandera pas davantage!.. Il me semble déjà sentir le froid des vieux murs de mon cachot... J'entends grincer les verroux et crier les gonds!.. (Frissonnant.) Brrr!..

LE DUC, qui vient d'entrer.

Eh! mais! qu'avez-vous donc, mon cher Roquefinette?

ROQUEFINETTE.

Plaît-il?.. Ah! c'est vous, mon petit ami?.. Vous me demandez ce que j'ai!..

LE DUC.

Sans doute... Vous êtes tout bouleversé.

ROQUEFINETTE.

Il y a de quoi!.. Le mari de ma belle protectrice est furieux!.. Il connaît toute l'intrigue!..

LE DUC, vivement.

Comment! il saurait...

ROQUEFINETTE.

Il sait toute l'histoire du bouquet!

LE DUC.

O ciel!..

ROQUEFINETTE.

Vous vous intéressez de plus en plus à moi, je vous en remercie... Mais comment sortir de là?.. Imaginez-vous que ce vieux Vulcain a l'intention de me fourrer à la Bastille, au moyen d'une lettre de cachet qu'il possède!

LE DUC, vivement.

Vous?.. (Plus rassuré.) Ah! c'est vous que le Baron...

ROQUEFINETTE.

Et qui donc?.. A la Bastille, mon cher petit ami!..

LE DUC.

Oh! nous saurons empêcher...

ROQUEFINETTE.

Vous croyez?.. (Vivement.) Oui, au fait... Et ma fée, donc!.. elle seule peut me tirer d'affaire... Je cours la trouver!

LE DUC, l'arrêtant.

Gardez-vous-en bien!.. Ce serait la compromettre!.. Si, plutôt, vous lui écriviez?.. Je me chargerais de lui faire remettre secrètement votre billet...

ROQUEFINETTE.

Vous avez raison... (Il se met à écrire sur des tablettes.) Un mot seulement, qui lui fasse connaître ma situation... Elle a du crédit... elle contre-carrera Vulcain... Vous vous chargez de la missive?

LE DUC, pendant qu'il écrit.

Je vous jure que, pour vous tirer d'embarras, vous ne pouviez la remettre en de meilleures mains... Comptez sur votre protectrice... et sur moi.

ROQUEFINETTE, écrivant toujours.

Je vous remercie... mais j'aime mieux compter sur elle que sur vous, mon jeune ami... vous avez beaucoup d'assurance, je veux bien croire à votre bon vouloir, mais je doute que vous puissiez grand'chose.

LE DUC, prenant le billet.

Nous verrons.

ROQUEFINETTE, vivement.

Oh! le mari!..

LE DUC.

Je vous laisse!.. Bientôt vous aurez votre réponse.

(Il sort par la première porte à gauche.)

SCÈNE VIII.

LE BARON, ROQUEFINETTE.

ROQUEFINETTE.

O ma protectrice, ne m'abandonne pas!..

LE BARON, entrant du fond, à part.

A présent, que j'ai ma petite vengeance dans ma poche, je me sens beaucoup plus calme... (Il se met à marcher, les mains dans les poches, en se dandinant et en fredonnant l'air de Marlborough.) Prum! prum! prum!

ROQUEFINETTE, à part.

Qu'est-ce qu'il fait donc? (Le baron le salue en souriant avec ironie; Roquefinette lui rend son salut.) Nous nous faisons des politesses, à présent?

LE BARON, avec assurance.

Monsieur...

ROQUEFINETTE.

Monsieur...

LE BARON.

Mousieur... il y a des gens, qui ont la faiblesse d'aimer le séjour de la ville.

ROQUEFINETTE, étonné.

Oui, Monsieur... il y en a même beaucoup... Nous avons d'abord tous ceux qui s'y plaisent... (A part.) Ah ça! où allons-nous?

LE BARON.

C'est une folie.

ROQUEFINETTE.

Je ne veux pas vous contrarier.

LE BARON.

Il y en a d'autres, qui préfèrent le séjour des champs.

ROQUEFINETTE.

La campagne a aussi ses charmes... je ne suis pas ici pour le nier... (A part.) Où veut-il en venir?

LE BARON.

C'est encore une folie...

ROQUEFINETTE.

C'est une folie d'aimer la campagne... et c'en est une d'aimer la ville?.. Il faut pourtant loger quelque part.

LE BARON.

Oui, mais nous avons un délicieux séjour... à l'abri du soleil brûlant des champs et du fracas de la ville.

ROQUEFINETTE.

Ah! ah!

LE BARON.

Un séjour, où un gouvernement toujours paternel subvient à tous vos besoins... Un séjour...

ROQUEFINETTE.

Bon, bon! je comprends, je saisis parfaitement.

LE BARON.

En vérité?

ROQUEFINETTE.

Recevez mes complimens, Monsieur... vous maniez l'ironie avec une grace...

LE BARON.

On me l'a dit quelquefois... Bref, pour en revenir au charmant asile dout nous parlions tout à l'heure...

ROQUEFINETTE.

Est-ce que nous tenons beaucoup à y revenir?

LE BARON.

Je vous dirai qu'il y a là trois personnes fort courtoises, qui sont prêtes à vous en montrer le chemin... Voici votre carte d'entrée.

(Il lui présente avec grâce une lettre de cachet, qu'il retire promptement, dès que Roquefinette avance la main.)

ROQUEFINETTE.

Vous êtes bien bon... et ces messieurs aussi... Mais, je voudrais...

LE BARON.

Allons, allons, M. de Roquefinette... un peu de complaisance... vous êtes de trop bonne compagnie, pour faire attendre ces messieurs.

ROQUEFINETTE.

Eh! allez au diable avec eux!..

LE BARON.

Je ne suivrai pas ce conseil... et nous vous forcerons bien, M. le capitaine...

UN HUISSIER, paraissant au fond, une lettre à la main.

Pour M. le capitaine Roquefinette.

ROQUEFINETTE.

C'est moi.

(Il prend la lettre; l'huissier sort.)

LE BARON.

Allons, Monsieur...

ROQUEFINETTE, ouvrant la lettre.

Eh! vous me permettrez bien, je pense... (Il parcourt la lettre.) Ah! mille tonnerres!.. Est-ce bien possible!..

LE BARON, à part.

Il a l'air bien satisfait.

ROQUEFINETTE, à part.

Ma bonne fée n'a pas perdu une seule minute!.. (Il marche en se dandinant, les mains dans les poches, comme le Baron, et en fredonnant le même air.) Prum! prum! prum!

LE BARON, étonné, à son tour.

Qu'est-ce?.. que voulez-vous dire?

ROQUEFINETTE, avec assurance.

Que je suis parfaitement de votre avis... La ville est un séjour odieux...

LE BARON.

Ah bah!

ROQUEFINETTE.

La campagne est inhabitable... et l'on n'est heureux, parfaitement heureux, qu'au sein d'une retraite calme et paisible... à la Bastille, enfin... surtout, quand on peut emmener avec soi bonne et courtoise compagnie... Allons à la Bastille, mon cher Baron, allons à la Bastille!

LE BARON.

Qu'est-ce que cela signifie?

ROQUEFINETTE.

Que vous m'accompagnerez, mon cher... et de plus, vous séjournerez avec moi... car... si vous avez ma carte d'entrée, mon maître, j'ai votre billet de logement.

(Il lui présente avec grâce une lettre de cachet, qu'il retire promptement, dès que le Baron avance la main.)

LE BARON.

Hein!.. une lettre de cachet!.. pour moi!

ROQUEFINETTE.

Oh! mon Dieu! oui... J'ai écrit à ma protectrice ma fâcheuse position, et voilà sa réponse... Mais le temps s'écoule, on nous attend, et il faut être polis... Allons à la Bastille, mon bon, allons à la Bastil'e.

LE BARON, hors de lui.

Mais pas du tout!.. un instant!.. C'est af

freux!.. c'est abominable!.. ma femme, ma propre femme... donner des armes contre moi!.. Elle ne se contente plus de le protéger... elle me persécute!.. moi!.. Monsieur, vous ne pouvez pas vous servir de cette horrible lettre!.. Je la déclare immorale et... malséante!..

ROQUEFINETTE.

Vous n'y songez pas... une lettre, qui me procure le plaisir de votre société... une lettre, qui vous met à même de goûter et d'apprécier ce bonheur que vous me vantiez tout à l'heure!.. Allons donc!.. Allons à la Bastille, mon cher, allons à la Bastille!

LE BARON.

Jamais!

ROQUEFINETTE.

Jamais?

LE BARON.

Jamais!

ROQUEFINETTE, après un instant de réflexion, et du ton le plus doux.

A moins que vous ne préfériez un petit arrangement, que je vous propose.

LE BARON.

Lequel?

ROQUEFINETTE.

Quelque chose de bien simple... Ma lettre de cachet est à moi... la vôtre vous appartient... nous sommes maîtres de jeter notre bien par la fenêtre... et, si chacun de son côté déchirait la sienne...

LE BARON, vivement.

Soit! j'y consens!.. (Il va pour déchirer la lettre qu'il tient, puis, se ravisant :) Commencez, Monsieur.

ROQUEFINETTE.

Du tout... je n'en ferai rien... à vous l'honneur.

LE BARON.

Non, non, à vous d'abord.

ROQUEFINETTE.

Eh bien! ensemble... au troisième coup.

LE BARON.

Je suis prêt.

(Ils se tiennent prêts à déchirer les deux lettres.)

ROQUEFINETTE.

Un, deux... et trois! (Ils se regardent. Aucun d'eux n'a déchiré sa lettre.) Nous sommes pleins de confiance l'un dans l'autre.

LE BARON.

Si nous recommencions?

ROQUEFINETTE.

Non... je crois que nous arriverions au même résultat... Tenez, le mieux serait de troquer.

LE BARON.

Troquons donc!

(Ils se présentent les deux lettres avec hésitation, en avançant et retirant la main, chacun ayant les yeux fixés sur la lettre de l'autre. Enfin, ils les saisissent précipitamment.)

ROQUEFINETTE.

Là!.. Maintenant, libre à vous d'user de la vôtre et de vous faire incarcérer... quant à moi, je déchire.

LE BARON.

Et moi, de même.

(Ils déchirent les deux lettres avec rage.)

ROQUEFINETTE, montrant les morceaux par terre.

Voyez un peu!.. c'était cependant bien facile... et tout à l'heure aucun de nous n'a pu en venir à bout!

SCÈNE IX.

LES MÊMES, LA BARONNE.

LA BARONNE, entrant du fond, un peu agitée.

Ah! vous voilà enfin, M. le Baron!.. c'est vous que je cherche.

LE BARON, sévèrement.

Mme la Baronne!..

ROQUEFINETTE.*

Ma bienfaitrice!.. (Bas.) Je n'ai rien avoué! je n'ai rien avoué!

LE BARON, se mettant entre eux.**

A distance, Monsieur, à distance!.. Vous voilà en présence, et je vais confondre la coupable!

ROQUEFINETTE, à part.

Oh! si elle pouvait avoir une seconde lettre de cachet!..

LA BARONNE, étonnée, au Baron.

Que voulez-vous dire, Monsieur?

LE BARON.

Que je connais votre criminelle faiblesse!..

LA BARONNE, troublée, à part.

O ciel!

LE BAROO.

Oui, oui, votre amour pour cet homme!

LA BARONNE.

Pour Monsieur?.. moi! j'aimerais... Vous êtes fou, Baron.

LE BARON.

Plaît-il?

ROQUEFINETTE, à part.

Bravo! Elle ne se déconcerte pas!

LA BARONNE.

Je ne connais pas Monsieur.

ROQUEFINETTE, à part.

Elle dissimule à ravir!

LE BARON.

Vous osez dire...

LA BARONNE.

Taisez-vous... et écoutez-moi.

LE BARON, avec force.

Ah! c'en est trop, Madame!.. (D'un très calme.) Parlez... je vous écoute.

LA BARONNE.

Voici une lettre, que je reçois à l'instant... Elle est de votre neveu, Raoul de Givry.

LE BARON.

De mon neveu?

LA BARONNE.

Hier, un duel a eu lieu, à propos de moi... Tenez...

(Elle lui donne la lettre.)

* Le Baron, la Baronne, Roquefinette.

** La Baronne, le Baron, Roquefinette.

LE BARON.

De vous !

ROQUEFINETTE.

Un duel ?.. ça doit me regarder... (S'approchant.) Pardon, Madame...

LE BARON.

A distance, Monsieur !.. ou, je ne répondrais pas de ma colère !..

ROQUEFINETTE.

Soyez tranquille... j'en réponds pour vous.

LE BARON, lisant.

« Grâce, ma belle tante, grâce pour un fat, » qui a osé se vanter d'une tendre indulgence » que vous n'avez jamais eue pour lui !.. » (S'arrêtant.) Qu'est-ce à dire ?.. (Elle lui fait signe de continuer.) « Mon impertinence m'a » valu un démenti et un duel. J'ai cherché à » racheter ma faute, en déclarant la vérité à » votre jeune et brave défenseur... » (S'interrompant.) Encore un !.. Qui ça ?.. qui ça ?.. (Continuant.) « Dont le nom doit être un mys- » tère... » (A part.) Bon ! (Continuant.) « Dai- » gnez accepter, ma belle tante, cette tardive » et incomplète réparation... Raoul... » (Parlant.) Ah ! j'y suis !.. j'y suis !..

ROQUEFINETTE, à part.

Et moi aussi !.. Mes deux petits d'hier !..

LE BARON.

La femme dont il me parlait, c'était la mienne !.. J'ai des traîtres dans ma famille !..

ROQUEFINETTE.

Celle pour qui l'on se battait, c'était ma fée !.. Ah ! si j'avais su !..

LA BARONNE, au Baron, qui s'est élancé vers la porte.

Qu'allez-vous faire, Monsieur ?..

LE BARON.

Interroger Raoul et savoir le nom de son adversaire !..

ROQUEFINETTE.

Et moi aussi !

LE BARON.

J'y cours !

ROQUEFINETTE.

Et moi aussi !

LE BARON.

Et je le tuerai !

ROQUEFINETTE.

Et moi aussi !

ENSEMBLE.

Air de l'Opium.

LE BARON.

Ah ! c'est affreux, Madame !
Vous étiez d'un pareil complot !
De cette énigme infâme,
Je veux savoir le mot !

ROQUEFINETTE.

La colère m'enflamme !
Mais d'ici je sors, et bientôt,
De cette énigme infâme
Je connaîtrai le mot !

LA BARONNE.

Il m'accuse, me blâme !

D'où vient qu'il parle de complot ?
Du courroux qui l'enflamme
Qui me dira le mot ?

LE BARON.

Mon malheur se complète !
Trois amans ! Ils sont trois !
Contre une seule tête,
Trois dangers à la fois !

REPRISE.

(Le Baron sort au fond, et Roquefinette à droite ; mais celui-ci rentre aussitôt.)

SCÈNE X.

ROQUEFINETTE, LA BARONNE.

ROQUEFINETTE, se montrant.

Il est parti ?

LA BARONNE, effrayée.

Ah !

ROQUEFINETTE.

Nous en voilà débarrassés !.. (Avec colère.) Quant à l'autre...

LA BARONNE.

L'autre ?

ROQUEFINETTE.

Quant à l'audacieux qui s'est permis de se battre à votre intention... je me charge de vous en délivrer !.. Il ne mourra que de ma main !..

LA BARONNE.

Mais qui donc, Monsieur ?.. qui donc ?.. Et d'où vient votre colère ? Que vous importe ce qui se passe ?..

ROQUEFINETTE.

Que m'importe ?.. Comment !.. vous êtes ma fée bienfaisante...

LA BARONNE.

Moi !..

ROQUEFINETTE.

Vous me comblez de faveurs et de bouquets, mêlés de poésies... vous me donnez une place dans votre cœur et deux dans l'état...

LA BARONNE.

Mais, Monsieur !..

ROQUEFINETTE.

Vous m'avancez un trimestre... vous m'envoyez une lettre de cachet pour Monsieur votre mari... ce qui est le comble de l'héroïsme conjugal... Et, quand vous êtes outragée, je souffrirai qu'un autre vous défende et vous venge !.. Je cours le trouver !

LA BARONNE.

Mais vous le connaissez donc ?..

ROQUEFINETTE.

Si je le connais !.. Puisque je lui ai servi de témoin... (Avec mépris.) Un petit traître, qui s'est insinué dans mon intimité... un petit aventurier, qui voulait se servir de mon crédit à la cour... ou m'emprunter de l'argent... à moi !.. un petit...

SCÈNE XI.

LES MÊMES, LE DUC. *

LE DUC, paraissant à gauche.
C'est elle !..

ROQUEFINETTE, triomphant.
Ah ! le voilà !..

LA BARONNE, se retournant.
Dieu !.. (Au Duc, en s'inclinant et avec émotion.) Pour moi !.. c'est pour moi que votre Ma.. (Le Duc l'arrête en lui montrant Roquefinette.) que vous avez exposé vos jours !...

LE DUC.
O ciel !... on vous a dit !... Ah ! Roquefinette, c'est mal !..

ROQUEFINETTE, riant avec dédain.
Oh ! oh ! oh !

LA BARONNE.
Ah ! si le trouble, l'émotion, . me permettait d'exprimer ma reconnaissance...

ROQUEFINETTE.
Comment ! elle le remercie, à présent !..

LE DUC, se contraignant.
J'ai fait ce que tout bon gentilhomme eût fait à ma place...

LA BARONNE.
Mais, une existence si précieuse !..

ROQUEFINETTE.
Comment ! précieuse ?.. l'existence du petit ?.. C'est trop fort. (Marchant vers le Duc.) Allons, sortons !..

LA BARONNE, se jetant entre eux.
Arrêtez !.. c'est le prince !.. (Plus bas.) C'est le roi d'Espagne !

ROQUEFINETTE, poussant un cri.
Hein !.. Le roi d'Es... (Il tombe dans un fauteuil, et se relève précipitamment.) Dieu ! j'ai fait blesser le roi d'Espagne !..

LA BARONNE.
Blessé !..

Air du Baiser au porteur.

Blessé !.. pour moi !..

LE DUC, bas.

Pour vous, qui, trop sévère,
Me refusiez un bouquet... une fleur !

ROQUEFINETTE, hors de lui.

Je suis perdu ! Ma fée, en qui j'espère,
Ah ! tendez-moi la main, dans mon malheur !
Venez à moi, dans mon malheur !
Je donnerai, pour obtenir ma grâce,
Tout ce qu'ici je tiens de votre amour :
Mon or, mon bien, mon rang, ma double place...
Et mes deux déjeuners par jour !

LA BARONNE.

Je vous répète, Monsieur, que rien de tout cela ne vous est venu de moi... (Regardant le prince, avec une émotion contenue.) Mais, depuis un instant... je soupçonne,.. je devine...

ROQUEFINETTE, comprenant.
Il serait possible !.. Quoi !.. ma protectrice...

* Le Duc, La Baronne, Roquefinette.

LE DUC.
N'était qu'un pauvre petit protecteur.

ROQUEFINETTE.
Et tout cela !.. tout cela, pour un coup d'épée !.. Ah ! Sire... vrai, c'est trop payé !..

LE DUC. *
Non !.. si vous gardez mon secret !.. Que nul ne soupçonne ce duel !

ROQUEFINETTE.
Ainsi, ma bonne fée ne m'avait accordé que son bouquet...

LA BARONNE, vivement.
A vous ?.. mais non... C'est...

(Ses yeux se portent sur le Duc, qui fait un pas vers elle ; mais elle les baisse aussitôt avec confusion.)

ROQUEFINETTE, qui a surpris ce mouvement.
Je comprends !.. j'y suis !.. c'est clair !.. Le petit jeune homme qui marchait devant moi !.. (Bas, au Prince.) Ah ! Sire... c'était pour Votre Majesté... et je déclare qu'elle en était bien plus digne que moi.

LE DUC.
Silence ! quelqu'un !..

SCÈNE XII.

LES MÊMES, LE BARON, LE CHEVALIER, quelques personnes de la cour, qui s'arrêtent dans le second salon.

LE BARON, en dehors.
Venez, Chevalier... venez... (Entrant.) Le roi !..Sire, je viens dénoncer un grand coupable à Votre Majesté ! **

LE DUC, vivement,
Un coupable ?

LE BARON, regardant Roquefinette.
Un officier de votre maison a osé, au mépris de l'édit royal, prêter son assistance pour un duel... un duel, qui a eu lieu dans le parc de Versailles !

ROQUEFINETTE, à demi-voix.
Vous êtes en retard.., Sa Majesté est déjà instruite.

LE BARON.
Mais, ce n'est pas tout !..

LE DUC.
Vous m'effrayez...

LE BARON.
Les choses allaient s'arranger... quand Monsieur, avec un horrible acharnement, a forcé mon neveu à donner trois grands coups d'épée à son adversaire !

LE DUC, souriant.
Trois coups d'épée ?..

LE BARON.
Tous mortels... Et, dans ce moment, le jeune homme rend le dernier soupir !

* La Baronne, e Duc, Roquefinette.

** La Baronne, le Chevalier, le Duc, le Baron, Roquefinette.

LE DUC.

Vous l'avez vu?..

LE BARON.

Je... le Chevalier l'a vu.

LE CHEVALIER, embarrassé.

Moi?.. Oui, oui... Il me semble l'avoir vu.

ROQUEFINETTE, à part.

Voilà deux effrontés menteurs!..

LE DUC.

Espérons que la victime en réchappera...

LE BARON.

Non, Sire... On désespère de ses jours... n'est-il pas vrai, Chevalier?..

LE CHEVALIER.

Oui, en effet... Je crois qu'on en désespère un peu.

LE DUC.

Nous croyons cependant à sa prochaine guérison.

LE BARON.

Sire, il n'y faut pas compter... car le malheureux s'est enferré...

ROQUEFINETTE, à part.

Pas autant que tu t'enferres en ce moment!

LE DUC.

Je vous répète, Monsieur, qu'il n'en mourra pas.

LE BARON.

Ah!.. si Votre Majesté le lui défend, il n'en mourra pas... Mais, (Montrant Roquefinette.) il reste prouvé que Monsieur...

LE DUC.

Est un grand coupable.... qui a mérité l'exil.

TOUS.

Ah!

ROQUEFINETTE.

L'exil!..

LE DUC.

Demain, il nous suivra en Espagne.

LA BARONNE, à part.

Demain!.. Déjà!..

LE CHEVALIER, à part.

C'est le moment de me caser... (Haut.) Sire, Votre Majesté daignera-t-elle se souvenir de mes vers?

LE DUC.

Oui, Chevalier... Et nous recevrons toujours avec plaisir ceux que vous nous adresserez... d'ici, de notre beau pays de France...

(Le chevalier reste ébahi. *)

ROQUEFINETTE, bas, en passant derrière lui.

Il paraît que vous ne partez pas, mon cher.

LE BARON.

Sire... après six mois d'études et de veilles, je commence à savoir l'espagnol.

* La Baronne, le Chevalier, Roquefinetté, le Duc, le Baron.

LE DUC.

Rien que six mois?.. Je désire, M. le Baron, que mes nouveaux sujets apprennent aussi promptement la langue française... car c'est la seule que l'on parlera à notre cour.

LE BARON, ébahi.

Ah bah!..

ROQUEFINETTE.*

Votre Majesté aurait dû lui dire cela plus tôt... Il aurait appris le français... (Bas au Baron.) Il paraît que vous restez, mon bon.

LE BARON, piqué.

Votre Majesté, je le vois, a réservé toutes les charges de sa maison pour de plus heureux ou de plus dignes... (Le prince le regarde.) Je veux dire, pour récompenser de grands services...

LE DUC.

Oui, M. le Baron, de grands services... (Bas, à Roquefinette.) Car c'est à toi que je dois d'être un homme et d'avoir gagné mes éperons de chevalier... Tu as fait couler un peu de mon sang, et pour ce coup d'épée!... (Haut.) Demandez moi une dernière faveur, Capitaine; elle vous est d'avance accordée.

LE BARON, à part.

Encore!

ROQUEFINETTE.

Sire!.. cet excès de bonté!..

LA BARONNE, à part.

Il m'aimait!.. et je ne le reverrai plus!..

LE DUC, la regardant.

Ah! je sens qu'il est temps de partir!..

ROQUEFINETTE, qui les a observés tous deux.

Sire, mon choix est fait!..

LE CHEVALIER.

Il se décide vite!

ROQUEFINETTE.

Je vous supplie d'emmener en Espagne M. le baron de Ville blanche... qui me donne la main de sa pupille.

LE BARON, avec joie.

En Espagne, moi!..

LE CHEVALIER.

Ah bah!..

LA BARONNE.

Que dit-il!..

LE DUC, regardant la baronne.

Quoi! tu veux?..

ROQUEFINETTE.

J'ai votre parole, Sire... et j'ose solliciter pour lui le poste de chambellan.

LE BARON, joyeux.

Chambellan!.. *camerero*!.. Je serais *camerero*!..

LA BARONNE.

Mais, Sire!..

* Le Chevalier, la Baronne, le Duc, Roquefinette, le Baron.

LE DUC.

No're parole est engagée... M. le Baron, vous serez chambellan.

LE BARON.

Se peut-il?..

ROQUEFINETTE, au baron.

Vous êtes sûr d'être... chambellan.

LE BARON.

Ah! mon ami!.. comp'ez sur ma reconnaissance!.. Je sens, je comprends tout ce que vous faites pour moi!

ROQUEFINETTE, lui serrant la main.

Non... vous ne le comprendrez jamais.

CHŒUR.

Air : Le mari reste ici.

Mon
Son bonheur semble un rêve :
C'est ainsi qu'à la cour,
En un jour on s'élève,
Comme on tombe en un jour.

FIN.

Imp. de M⁰ᵉ DE LACOMBE, r d'Enghien, 12.